PAPER SOLDIERS
BY CARLO POZZI
VOL. 2
XX CENTURY UNIFORMS

SERIES EDITED BY

LUCA STEFANO CRISTINI

SOLDIERSHOP
PUBLISHING
BOOK on DEMAND

AUTHOR

Carlo Pozzi, is a good Italian artist born in Cernobbio a beautiful town on the lake near Como in north Italy the June 28 1938. He is an interesting member of the rich and glorious family of the great Italian illustrators as Sergio Toppi, Battaglia, Crepax, Gattia and many others.

Very delicious and refined person, good prepared of a lot of subjects, He lives and works in Como (Italy). From his magic pen are born subjects and illustrations for children books. Carlo Pozzi is also an appreciated designer of tissue of tall fashion, sector in which he has produced several jobs for the most known Italian stylists. In the area of comic strips, for the Collection Coer SA Pozzi has created the character of Sir Mc Dog. Also He deals with design of toys and other creative forms. His "Paper soldiers" have been published by specialistic magazines of history scale model as Soldatini and TuttoSoldatini of the Italian publishers. From the subjects of the painted soldiers him preferences are for the cavalry world.. This is partly due to his past military service in the 1° Nizza cavalry regiment

PAPER SOLDIERS SERIES

La collana è dedicata alla storia e alla collezione de mitici soldatini di carta o ai soldatini da warfame. In ogni volume preziose raccolte di soldatini stampati il secolo scorso (e anche prima), provenienti dalle nostre collezioni, ma anche nuovi figurini realizzati con abile maestria dai nostri bravi autori. Sempre con l'intento di fornirvi illustrazioni di grande qualità.

RINGRAZIAMENTI E CREDITI FOTOGRAFICI - PHOTOGRAPHIC CREDITS:

Le tavole sono generalmente opera dell'autore o dell'illustratore indicato. La gran parte del resto dell'iconografia usata appartiene all'archivio dell'editore, foto scattate dall'autore, o materiale di amici collezionisti. L'Editore rimane in ogni caso a disposizione degli eventuali aventi diritto per tutte le fonti iconografiche dubbie o non identificate.

Title: **PAPER SOLDIERS BY CARLO POZZI VOL. 2 - UNIFORMS OF XX CENTURY**
Serie edit by Luca S. Cristini. First edition by Soldiershop. September 2019
Cover & Art Design: Luca S. Cristini. ISBN code: 978-88-93274869
Published by Luca Cristini Editore, via Orio 35/4- 24050 Zanica (BG) ITALY. www.soldiershop.com

PAPER SOLDIERS BY CARLO POZZI Vol. 2

XX CENTURY UNIFORMS

SERIES EDITED BY
LUCA STEFANO CRISTINI

THE WONDERFUL WORLD OF CARLO POZZI'S SOLDIERS

Carlo Pozzi is a good Italian artist born in Cernobbio a beautiful town on the lake near Como in north Italy the June 28 1938. He is an interesting member of the rich and glorious family of the great Italian illustrators as Sergio Toppi, Battaglia, Crepax, Gattia and many others. Very delicious and refined person, good prepared of a lot of subjects, He lives and works in Como (Italy). From his magic pen are born subjects and illustrations for children books. Carlo Pozzi is also an appreciated designer of tissue of tall fashion, sector in which he has produced several jobs for the most known Italian stylists.

In the area of comic strips, for the Collection Coer SA, Carlo Pozzi has created the character of Sir Mc Dog. Also He deals with design of toys and other creative forms.

His "Paper soldiers" have been published by specialistic magazines of history scale model as *Soldatini* and *TuttoSoldatini* of Italian publishers. From the subjects of the painted soldiers his preferences are for the cavalry world. This is partly due to his past military service in the 1st Nizza cavalry regiment.

The subjects of the first volume

The paper soldiers printing in this first volume cover the years from 1650 to the end of the XIX century. In the second volume we will complete with tables devoted to XX century.

The first series infantries of 600 and 700 are based on French and Italian but also English (Irish) subjects . We signal then an interesting and curious series devoted to the French Navy soldier. Next are some sheets devoted to North America Indians, follow other various uniforms, next the Napoleonic era. The book conclude with Italian uniformologic subjects of XIX century.

ITALIAN TEXT

Carlo Pozzi è un bravo artista italiano nato a Cernobbio bella cittadina sul lago poco distante da il 28 giugno 1938. Appartiene alla ricca e gloriosa famiglia dei grandi illustratori italiani come Toppi, Battaglia, Crepax e molti altri.

Persona assai squisita e raffinata, ottimo cultore di molte materie, Pozzi vive e lavora a Como. Dalla sua magica penna sono usciti soggetti e illustrazioni di libri per ragazzi.

Ma Carlo Pozzi è anche un apprezzato disegnatore di tessuti di alta moda, settore nel quale ha prodotto numerosi lavori per i più noti stilisti, ed in effetti questa sua "modernità" cromatica e di tratto si può ben vedere anche nei suoi bei figurini di carta che presentiamo su questo libro. In ambito fumettistico, per la Collection Coer Sa ha creato il personaggio di Sir Mc Dog. Si occupa anche di design di giocattoli e altre forme creative.

I suoi "soldatini" sono stati pubblicati da riviste di modellismo specialistiche come *Soldatini* dell'editore Albertelli e *TuttoSoldatini* della editrice Isomedia. Dalla soggettistica dei militari dipinti si "intuisce" un debole per la cavalleria, questo è in parte dovuto al fatto di aver prestato servizio, nei lontani anni 60, presso il 1° Nizza cavalleria che in quegli anni non cavalcava più sauri e ronzini ma pesantissimi carri armati M47 Patton !!

I soggetti del primo volume

I soldatini di carta che fanno parte di questo primo volume appartengono ad anni che vanno dal 1650 alla fine del XIX secolo. Nel secondo volume completeremo con tavole dedicate al 900.

Per la serie fanterie del 600 e del 700 vi sono uniformi prevalentemente francesi e italiane ma anche inglesi (irlandesi). Segnaliamo poi un'interessante e curiosa serie dedicata alla marina francese.

Vi sono infine una serie di fogli dedicati agli indiani del Nord America, uniformi varie cui seguono i soldatini napoleonici. Concludono questo primo volume soggetti di uniformologia italiana dell'800.

THE PLATES
VOL. 2

3°Regg."Savoia Cavalleria„ 1909 ~ c. Pozzi

3°Regg."Savoia Cavalleria„ 1909 ~ c. Pozzi

6

Carabinieri   Coloniali

Zaptié · 1910

Somali

Tenente   Buluk-basci   Zaptié   Zaptié   zaptié   Zaptié

c. Pozzi - TAV. n° 31

Buluk-basci   Zaptié   Zaptié   Buluk-basci   Zaptié   Zaptié

Carabinieri   Coloniali

Zaptié · 1910

Somali

Tenente   Buluk-basci   Zaptié   Zaptié   zaptié   Zaptié

c. Pozzi - TAV. n° 31

Buluk-basci   Zaptié   Zaptié   Buluk-basci   Zaptié   Zaptié

FANTERIA ZARISTA

c. Pozzi

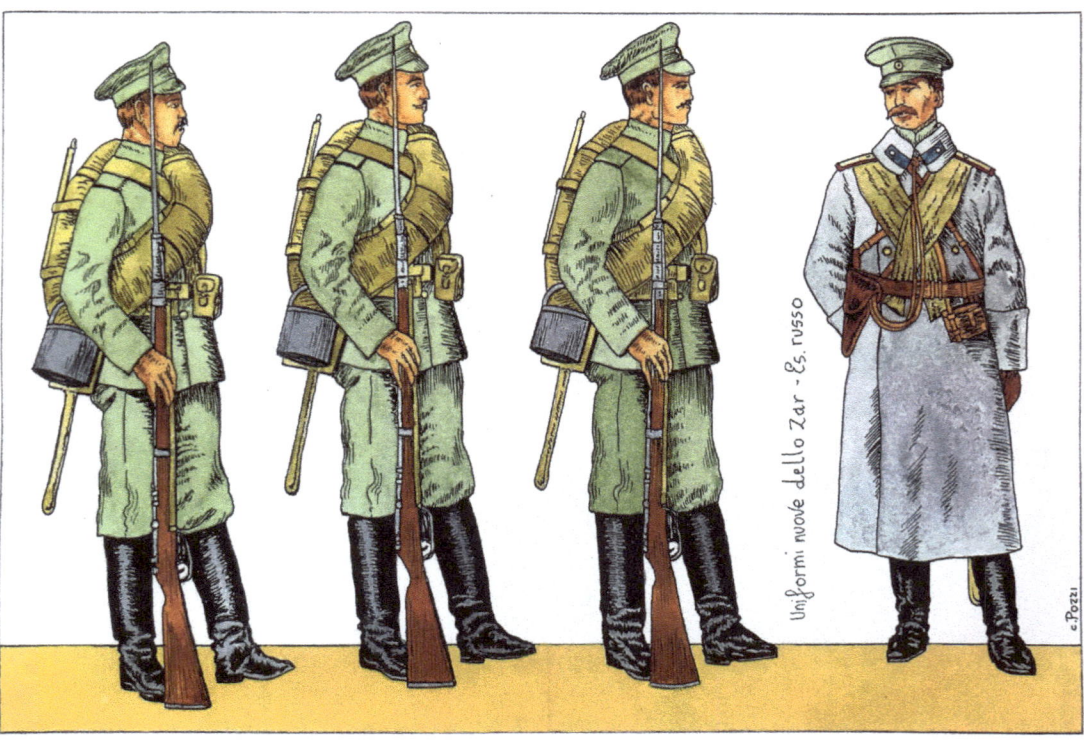

Uniformi nuove dello Zar - Es. russo

c. Pozzi

Cavalleria Zarista

CAVALLERIA GUARDIE

UFFICIALE ULANO

CORAZZIERE

c.Pozzi

~ COSACCHI ~

GENERALI ZARISTI

c.Pozzi

Reali Carabinieri

1912   1933   1942   1944

c.Pozzi

Reali Carabinieri

1912   1933   1942   1944

c.Pozzi

R.E.I. ~ Cavalleria appiedata ~ Guerra 1915 ~ 1918

c.Pozzi Tav. Nº24

~ 1º Reggimento Nizza Cavalleria ~

R.E.I. ~ Cavalleria appiedata ~ Guerra 1915 ~ 1918

c.Pozzi Tav. Nº24

13

4º Regg. "Genova Cavalleria„ 1915 ~

c.Bozzi - TAV. N° 27

4º Regg. "Genova Cavalleria„ 1915 ~

c.Bozzi - TAV. N° 27

Soldati della Grande Guerra 1915~18

1° NIZZA CAVALLERIA - DRAGONE

1

2

3

4

(1 CAVALLERIA APPIEDATA

(2 3ª Br. PIEMONTE FANTERIA

(3 CARABINIERE

(4 BERSAGLIERE

c.Pozzi - TAV. N° 76

Soldati della Grande Guerra 1915~18

1° NIZZA CAVALLERIA - DRAGONE

1

2

3

4

(1 CAVALLERIA APPIEDATA

(2 3ª Br. PIEMONTE FANTERIA

(3 CARABINIERE

(4 BERSAGLIERE

c.Pozzi - TAV. N° 76

~ Stati Uniti ~ Fanteria ~ 1918 ~

~ Stati Uniti ~ Fanteria ~ 1918 ~

R.E.I. ~ Bersaglieri ~ Grande Uniforme ~ 1920 ~

R.E.I. ~ Bersaglieri ~ Grande Uniforme ~ 1920 ~

c.Pozzi - TAV.N°55

19

 R.E. COLONIALE ZAPTIÈ - LIBIA 1929

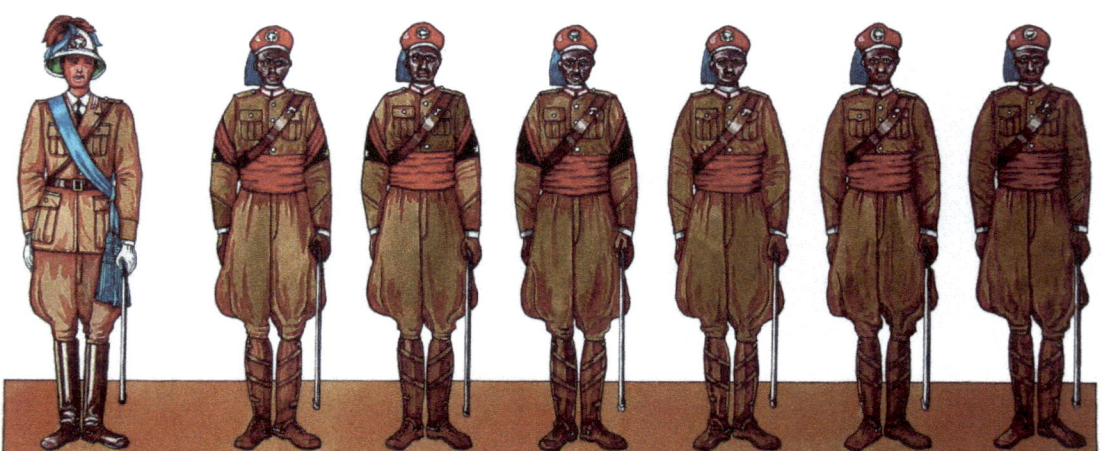

Ufficiale   Sciumbasci   Buluk basci   Muntaz   Zaptiè (Carabinieri Coloniali)   –c.Pozzi–TAV. N°33

 R.E. COLONIALE ZAPTIÈ - LIBIA 1929

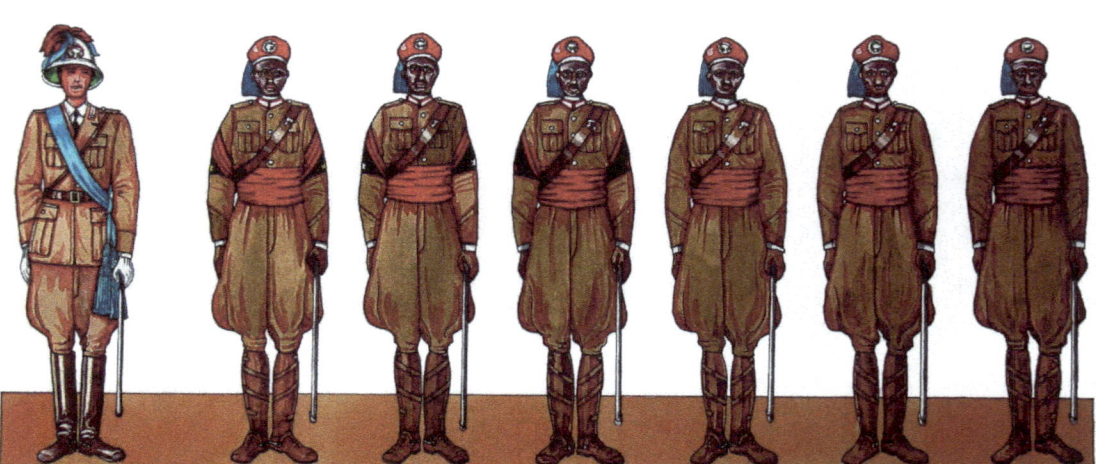

Ufficiale   Sciumbasci   Buluk basci   Muntaz   Zaptiè (Carabinieri Coloniali)   –c.Pozzi–TAV. N°33

~ Regio Corpo Truppe Libiche ~
~ Meharisti ~

c.Pozzi Tav. N° 17A

~ Regio Corpo Truppe Libiche ~
~ Meharisti ~

c.Pozzi Tav. N° 17A

PAi. Plotone scorta del Governatore della Somalia

c.Pozzi - TAV.N°60

PAi. Plotone scorta del Governatore della Somalia

c.Pozzi - TAV.N°60

23

R.E.I. Carabinieri neri "ZAPTIÉ"

R.E.I. Carabinieri neri "ZAPTIÉ"

24

~ Venustis et Audax ~

Reggimento (2°)
Piemonte Reale Cavalleria

c.Pozzi - Tav. n° 79

~ Venustis et Audax ~

Reggimento (2°)
Piemonte Reale Cavalleria

c.Pozzi - Tav. n° 79

Regia Aeronautica Militare
Stemma Araldico
"Cavallo alato con fiaccola,- 10ª squadriglia 1913."
"Grifo rampante,-91ª squadriglia da caccia - 1917-

"Quadrifoglio. 10ª squadriglia - 1917
da bombardamento
"Leone di S. Marco, 87ª squadriglia aeropl.
da ricognizione e bombardamento- 1918-

"Uniformi   per le colonie"   "Pilota in   tuta estiva"   Uff. di Savoia Caval.
                                                                      "in tenuta da campo"
                                                                      presso Batt. Aviatori

c. Pozzi - TAV. Nº 38

1933   1936   1937   1940   1918

Regia Aeronautica Militare
Stemma Araldico
"Cavallo alato con fiaccola,- 10ª squadriglia.1913."
"Grifo rampante,-91ª squadriglia da caccia ~ 1917-

"Quadrifoglio. 10ª squadriglia ~ 1917
da bombardamento
"Leone di S. Marco, 87ª squadriglia aeropl.
da ricognizione e bombardamento- 1918-

"Uniformi   per le colonie"   "Pilota in   tuta estiva"   Uff. di Savoia Caval.
                                                                      "in tenuta da campo"
                                                                      presso Batt. Aviatori

c. Pozzi. TAV. Nº 38

1933   1936   1937   1940   1918

Regio Esercito Italiano   Reggimento
"Savoia Cavalleria" 1935

Regio Esercito Italiano   Reggimento
"Savoia Cavalleria" 1935

R.E.I. 1° Regg. "Nizza Cavalleria" ~ 1935 ~   c. Pozzi

R.E.I. 1° Regg. "Nizza Cavalleria" ~ 1935 ~   c. Pozzi

28

R.E.I. Truppe Coloniali Ascari Libici VII Btg. 1936

R.E.I. Truppe Coloniali Ascari Libici VII Btg. 1936

R.E.I. ~ 1937

X Brigata Coloniale

c. POZZI ~ TAV. N°56

R.E.I. ~ 1937

X Brigata Coloniale

c. POZZI ~ TAV. N°56

R.E.I. ~ Artiglieria da montagna ~ 1938 ~

R.E.I. ~ Artiglieria da montagna ~ 1938 ~

R.E.I. Regg. "Savoia Cavalleria" 1938

R.E.I. Regg. "Savoia Cavalleria" 1938

R.E.I. 3ᵉ Regg. "SAVOIA-CAVALLERIA" 1938 –

R.E.I. 3ᵉ Regg. "SAVOIA-CAVALLERIA" 1938 –

Regio Esercito Italiano ～ Fanteria ～ 1938
～ Banda dei Granatieri ～

Tamburo
maggiore

Tamburini

c. Pozzi - TAV. N° 54

Regio Esercito Italiano ～ Fanteria ～ 1938
～ Banda dei Granatieri ～

Tamburo
maggiore

Tamburini

c. Pozzi - TAV. N° 54

Regio Esercito Italiano 3ᵒ *Savoia Cavalleria* 1939

Dragoni

c.Pozzi - Tav. N° 9

Regio Esercito Italiano 3ᵒ *Savoia Cavalleria* 1939

Dragoni

c.Pozzi - Tav. N° 9

Portastendardi di Cavalleria

Nizza Cavalleria (1°)

Piemonte Cavalleria (2°)

Portastendardi di Cavalleria

Savoia Cavalleria (3°)

Genova Cavalleria (4°)

Regio Esercito Italiano   Reggimento
"Savoia Cavalleria"   1940

Regio Esercito Italiano   Reggimento
"Savoia Cavalleria"   1940

Regia Marina Militare ~ 1940 ~

Regia Marina Militare ~ 1940 ~

Regio Esercito Italiano ~ 1940 ~
Reggimento "3° Savoia Cavalleria"

Regio Esercito Italiano ~ 1940 ~
Reggimento "3° Savoia Cavalleria"

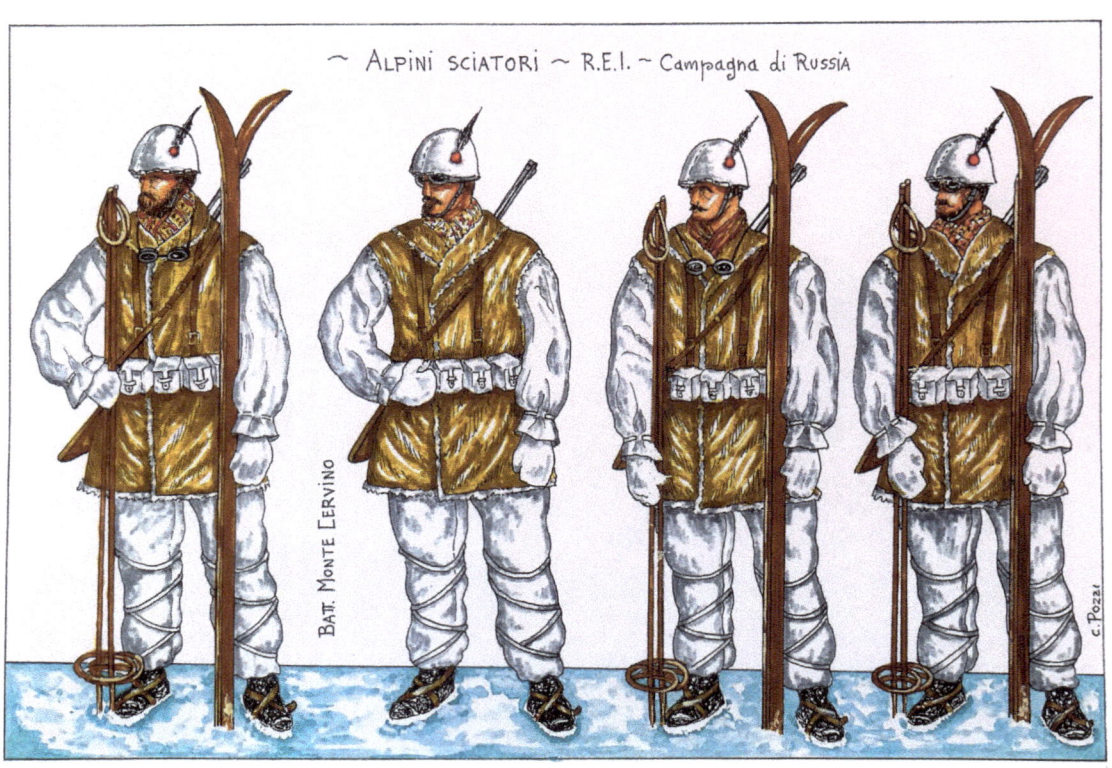

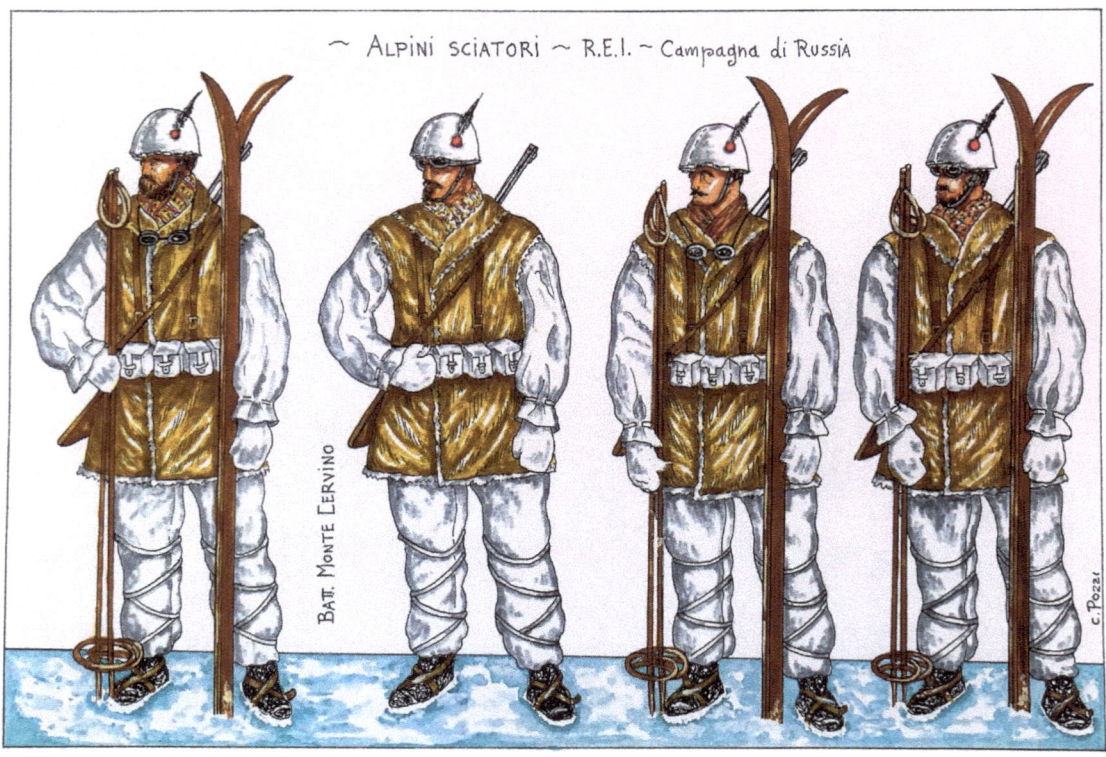

ALPINI
Fronte Russo

ALPINI
Fronte Russo

42

1941 - R.E.I. - FANTERIA - CARRISTA -

1941 - R.E.I. - FANTERIA - CARRISTA -

Bersaglieri motociclisti 1941 R.E.I.

c.Pozzi · Tav. N° 22 -

Antiglieria
Ippotrainata

Antiglieria
Ippotrainata

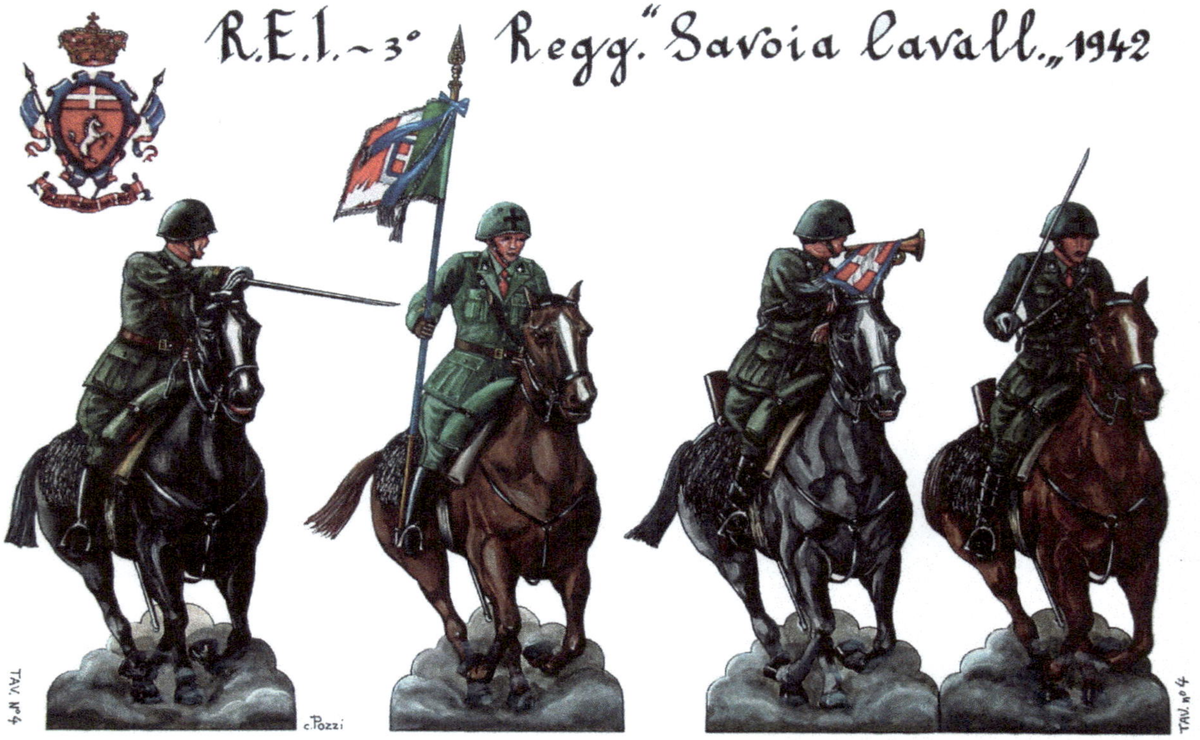
R.E.I. ~ 3° Regg. "Savoia Cavall." 1942
TAV. N°4
c.Pozzi
TAV. N°4

R.E.I. ~ 3° Regg. "Savoia Cavall." 1942
TAV. N°4
c.Pozzi
TAV. N°4

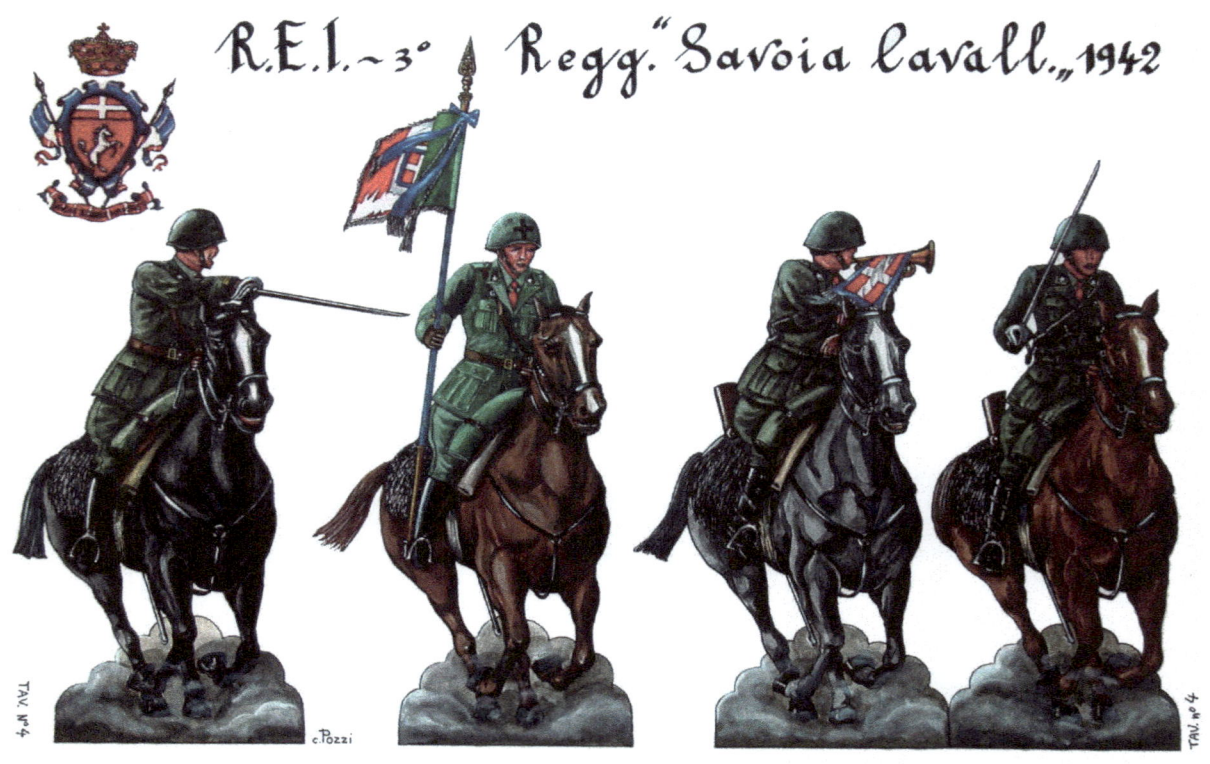

R.E.I. 3°Regg."SAVOIA-CAVALLERIA„ 1942

R.E.I. 3°Regg."SAVOIA-CAVALLERIA„ 1942

47

R.E.I. 8° Rgt. "ALPINI" 1942 FRONTE RUSSO

c.Pozzi Tav. N° 16

R.E.I. 8° Rgt. "ALPINI" 1942 FRONTE RUSSO

c.Pozzi Tav. N° 16

48

1942 ~ R.E.I. ~ Paracadutisti ~ El Alamein

1942 ~ R.E.I. ~ Paracadutisti ~ El Alamein

R.E.I. ~ Fanti ~ Bersaglieri ~ 1942 ~

R.E.I. ~ Fanti ~ Bersaglieri ~ 1942 ~

POLIZIA   MILITARE

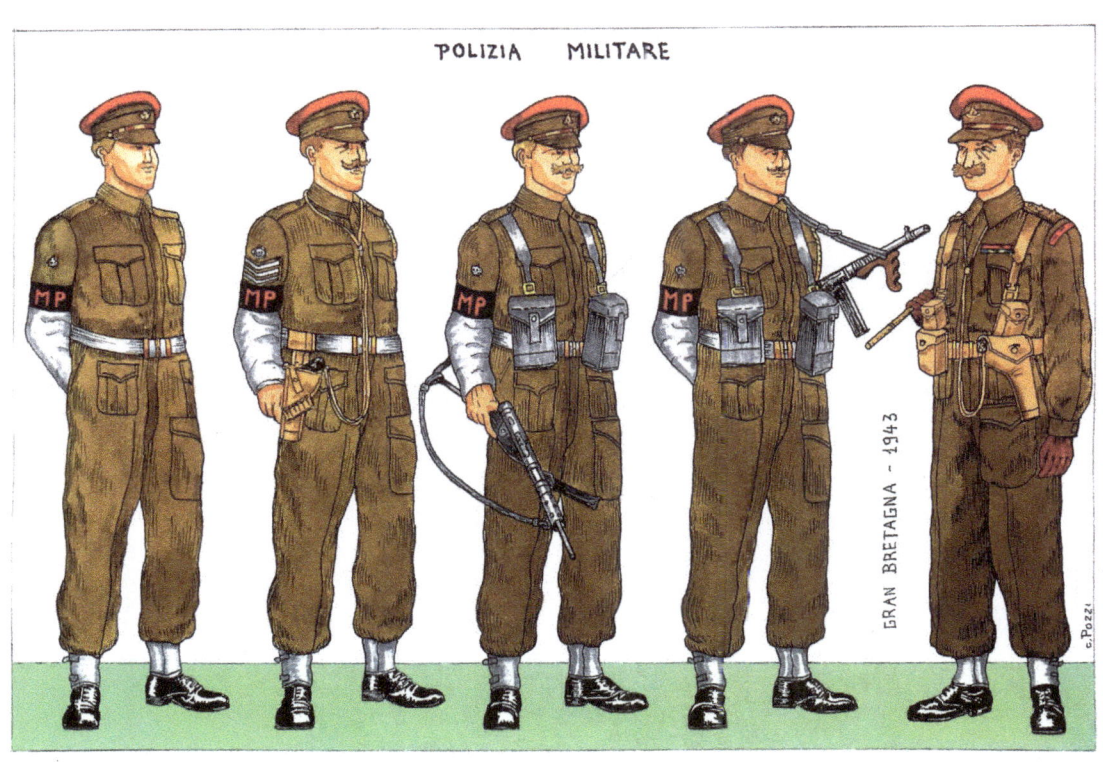

GRAN BRETAGNA - 1943

c.Pozzi

POLIZIA   MILITARE

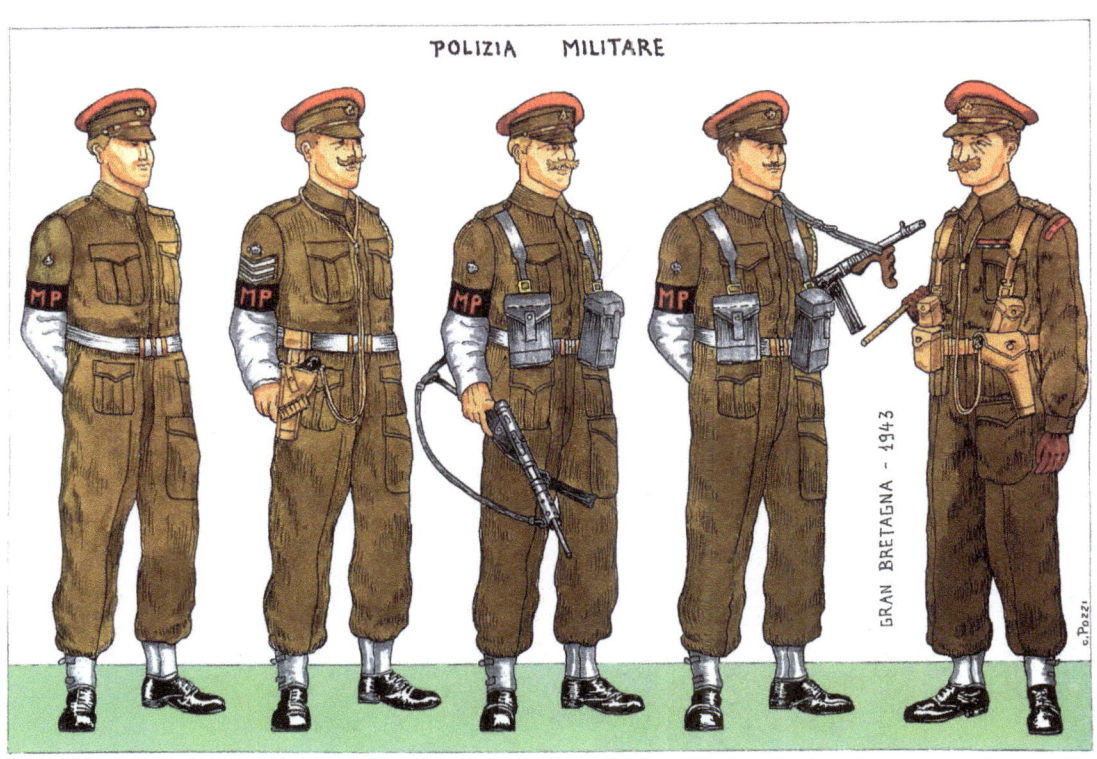

GRAN BRETAGNA - 1943

c.Pozzi

STATI UNITI · AVIAZIONE DI MARINA · 1944 ·

STATI UNITI · AVIAZIONE DI MARINA · 1944 ·

Marinai 1960

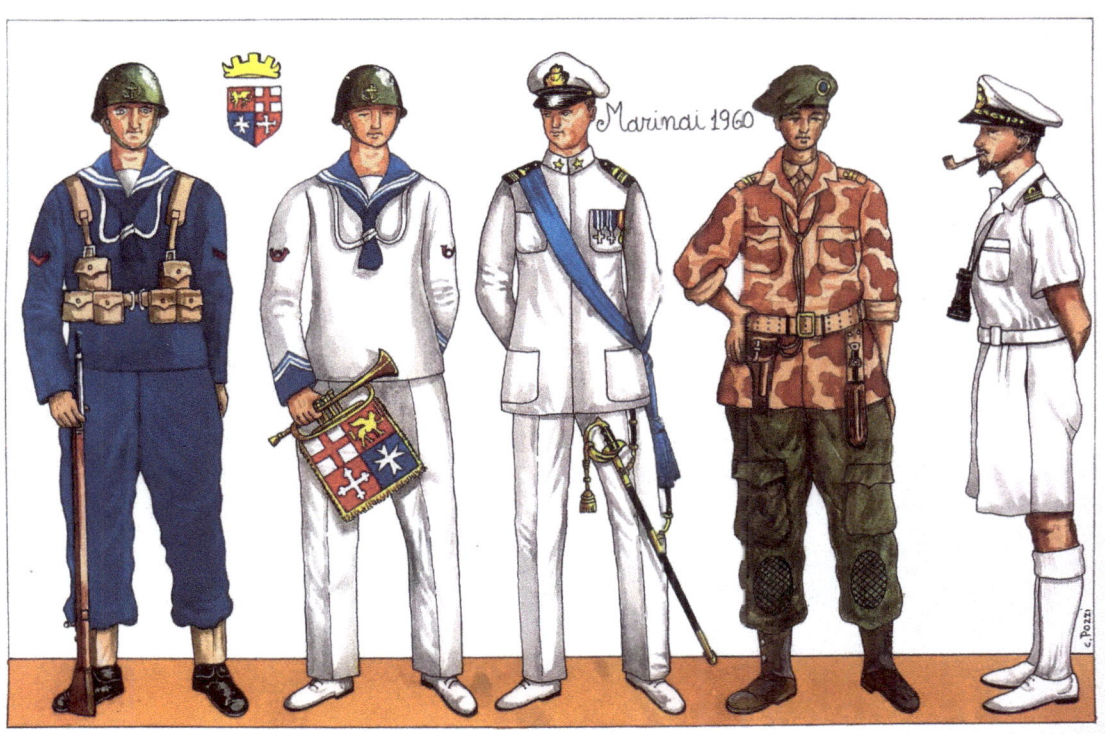

Marinai 1960